De una vida de abuso al éxito

"La historia de un niño"

De una vida de abuso al éxito

"La historia de un niño"

Walter Lawrence

Kravitz & Sons
INNOVATORS IN PUBLISHING, MARKETING AND ADVERTISING

Kravitz and Sons LLC
1301 Farmville Blvd, Suite 104
Greenville, NC 27834

Publicado por Kravitz and Sons LLC.

ISBN: 979-8-89639-522-5 (sc)
ISBN: 979-8-89639-523-2 (e)

Número de control de la Biblioteca del Congreso: 2025907344

Nací en 1946. A la edad de seis años, nuestra familia se mudó a Nueva Jersey, donde mi padre se dedicaba a conducir un autobús urbano. Recuerdo jugar en el jardín delantero de la casa mientras mi abuela perseguía a mi madre por la puerta principal con un cuchillo en la mano. Nunca supe por qué pasó eso, pero mis hermanos menores, eran gemelos, tenían unos dos años, y yo seis. Supongo que mi madre no los cuidaba como debía, y eso hizo que mi abuela se enfadara.

En 1952 nos mudamos nuevamente, esta vez a California tras un viaje de cinco días por carretera a la Ciudad de la Esperanza, la Ciudad de Pasadena y San Bernardino, California. De los seis a los nueve años, fui a cuatro escuelas primarias diferentes, entre 1952 y 1955. A finales de 1954 vivíamos en San Bernardino y, entre los siete y los nueve años, tocaba el acordeón en ferias locales y en el edificio histórico Mission Playhouse. Todavía conservo una foto mía de esa época, pelirrojo y con pecas, en la que me parecía a Howdy Doody. Un día, un vecino llamó a la puerta. Los gemelos habían conseguido pintura en el garaje del vecino y habían pintado grafitis alrededor de las paredes exteriores, a un metro del suelo.

En el verano de 1955, mi hermano Wayne, que entonces tenía cinco años, se enfermó con una neumonía atípica. Comenzó con los síntomas un viernes por la noche. Mi madre lo acompañó en ambulancia al Centro Médico de Los

Ángeles. Mi padre lo siguió más tarde junto con mi hermana y conmigo. Cuando llegamos al hospital, mi madre corrió por el pasillo y dijo: "Se ha ido". Mi padre y yo empezamos a llorar, y él empezó a dar vueltas por el pasillo. Estaba histérico. Ahí fue donde descubrí dónde estaba el cuerpo de mi hermano, y mi padre me levantó para mostrármelo sin vida y con los ojos bien abiertos. Él tenía cinco años en 1955. Yo solía limpiar establos de caballos Morgan por un dólar al mes en un rancho. Tenía ocho años y medio. No sé por qué pensó que era importante ni por qué lo hizo, pero el día del funeral, decidí ir al rancho de caballos.

A los once años fui con mi madre a la playa de Jone en Long Island, Nueva York. En ese momento y lugar no había socorristas. Me metí al agua y las olas eran muy, muy altas pero tranquilas, con marea baja.

Las altas olas me arrastraron hasta tal punto que mi madre, en la playa, parecía un punto en la arena. "¿Cómo vuelvo a la orilla?", me pregunté. Entonces decidí que, con olas altas y tranquilas, llegaría a la cima de la ola, nadaría por cada una, esperaría la siguiente y luego haría lo mismo. Debí de hacerlo más de veinticinco veces y finalmente llegué a la orilla; mi madre ni siquiera se percató de lo que me estaba pasando. Para mi sorpresa, mantuve la calma y salvé mi propia vida.

En octubre de 1955 nos mudamos de nuevo a Brooklyn, Nueva York, donde cursé quinto y sexto grado en la escuela pública 102. Mi abuela limpiaba las casas de mis maestros. Nunca me dieron ninguna atención especial, e hice lo que tenía que hacer para aprobar. Después, ante de finalizar el séptimo grado nos mudamos de nuevo, esta vez fuera del distrito, y asistí a la secundaria McKinley. Tuve una maestra llamada la Sra. Macgiveny. Había pandillas en esa escuela y tantos disturbios que me alegré de haber estado allí solo tres meses. En el verano de 1957, uno de mis pasatiempos en los parques era atrapar mariposas con mi red y luego colgarlas en marcos de fotos. Desde golondrinas tigre, mariposas monarcas y polillas, lo que se llamaba lepidopterología. Se usa un recipiente con una esponja húmeda y luego se coloca un trozo de vidrio debajo y encima de cada ala, extendiéndolas como si estuvieran planeando. El vidrio evitaría que se manchara el diseño empolvado de las alas. Durante ese verano, mi madre me daba veinticinco centavos y tomaba el ferry de la calle 69 a Staten Island. En esa época, el ferry costaba cinco centavos. Después del viaje en ferry, subía la colina hasta la piscina pública de Saint George y afuera había un puesto de perros calientes. Costaba diez centavos cada uno. Entraba a la piscina por cinco centavos, nadaba toda la tarde y luego tomaba el ferry de regreso con mis últimos cinco centavos. Así que, por veinticinco centavos tuve un viaje en ferry, un perrito caliente y una tarde de natación. No estaba seguro si esos veinticinco centavos eran su forma de cuidarme o si era solo para quitarme de en medio por unas horas. Me gustaría pensar que era su forma de cuidarme.

Tenía un carrito rojo y visitaba los edificios de apartamentos, vaciaba los montacargas de periódicos, los cargaba en mi carrito rojo y los llevaba al chatarrero. Me pagaban veinticinco centavos por cada 100 libras (45 kilogramos). Una vez al mes me llevaba un hilo y un plomo, mojaba el plomo en una taza de hojalata con grasa para ejes, me acostaba boca abajo sobre las rejillas del metro, lanzaba el plomo con el hilo y recogía todas las monedas que los feligreses habían dejado caer delante de las iglesias.

También recuerdo una vez en 1956 que mi padre se había ido de pesca y se enfureció cuando mi madre llegó tarde a recogerlo porque el barco regresó una hora antes y él tuvo que tomar un taxi a casa.

Alrededor de 1958 en Brooklyn, fui a la tienda departamental F.W. Woolworth's y, mientras estaba allí, tomé una barra de chocolate del estante y no la pagué. Luego en 1973, mientras visitaba a mi abuela, volví a la misma tienda y compré la misma barra de chocolate, después de pagarla la volví a poner en el estante.

Al final de ese año escolar, nos mudamos de nuevo, esa vez a Queens, Nueva York, donde mi padre compró una charcutería, y yo comencé en una escuela primaria luterana (mi séptima escuela).

Durante ese tiempo, después de la muerte de mi hermano y hasta 1963, cada vez que mi madre tenía un mal día, me pegaba sin razón alguna. Noté un gran cambio en el estado mental de mis padres después de la muerte de mi hermano. En su lecho de muerte en 1973, el Día de los Caídos, mi padre me dijo que no había habido intimidad entre mi madre y él desde la muerte de mi hermano. Ese día, mi abuela, que siempre estuvo allí para protegerme, me dio en secreto unos bonos de ahorro de veinticinco dólares con fechas desde 1956 hasta 1970, valorados en unos 5.000 dólares. Decidí cobrarlos y me dijeron que eran P.O.D. Así que, se los devolví a mi abuela para que los cobrara en 1977. Después de su funeral, le pregunté a mi madre por mis bonos y ella me dijo: "perdiste". Luego me pidieron que fuera a su apartamento y lo limpiara, mi medio hermano Paul. Así que llamé a mi cuñado en ese momento y retiramos los muebles y las cosas y encontramos un frasco de monedas que debía tener unos cincuenta dólares en monedas de cinco, diez y veinticinco centavos. Había pedido prestado un camión a un amigo, me tomé un día libre del trabajo, pagué las tarifas del vertedero y el combustible que usamos. Dividí las monedas con mi hermana cuando llegué a casa. El hermano de mi madre se enteró de las monedas y se enfureció porque nos quedamos con ellas. Era su madre, y él nunca ofreció ningún tipo de reembolso por hacer eso.

De 1960 a 1964, fui a la escuela secundaria Martin Luther. En 1962, mi padre sufrió una crisis nerviosa y fue al hospital de veteranos durante tres meses. Recuerdo que justo antes de que esto sucediera, él tuvo un colapso e intentó atacarme mientras yo trabajaba atendiendo en la charcutería. Durante la escuela secundaria en 1963, tenía práctica de baloncesto dos veces por semana y mi padre se quejaba porque no podía trabajar con él en la charcutería esos días, así que decidí dejar el equipo. Entonces se enojó conmigo porque no estaba en el equipo. Siempre sentí que no podía satisfacer a ninguno de mis padres con nada de lo que hacía.

Después de que intentó atacarme en la charcutería, corrí a casa de mi abuela en Brooklyn, llegando allí alrededor de la 1:00 a.m. en busca de refugio. Me desperté en su sofá y mi padre había venido a recogerme. No sé qué le dijo mi abuela ese día por teléfono, pero a partir de entonces, todo el abuso cesó. Siento que me crié sin el amor que un padre les da a sus hijos.

En 1961, mi padre y yo hicimos un viaje a las Bermudas durante el fin de semana mientras el medio hermano de mi madre nos cubría en la charcutería porque había perdido su trabajo en Greyhound por robar tarifas. Cuando regresamos a casa, se recibió una postal en la charcutería. Tenía escritas las palabras: "Te extraño mucho". Nunca supe lo que pasó cuando no estaba con mi padre en este viaje, pero no tenía idea de que él no estuvo conmigo todo el tiempo.

En 1964, después de graduarme de la escuela secundaria, traté de unirme al servicio, pero fui rechazado debido a un quiste pineal en la punta de mi columna lumbar, lo cual es común en los hombres. Regresé a casa después de eso. Me sentí como un cachorro perdido. Sin trabajo, sabiendo que no era amado, excepto por mi abuela. Necesitaba encontrar un trabajo y en ese entonces no había internet y solo teléfonos públicos. No era fácil simplemente conseguir una oferta de trabajo o saber dónde buscar primero. Tuve un Carvair en 1965. Estaba subiendo al auto para ir a una cita cuando mi padre salió de la charcutería muy enojado porque tenía que dejar el trabajo. Así que, arrancó la antena del radio de mi auto. Tenía diecinueve años, estaba tratando de mejorarme y alejarme del abuso. Otro recuerdo vívido que tengo, es que nunca vi a mi madre ni a mi padre sonreír.

Finalmente, volví a pedirle ayuda al director de mi instituto, la secundaria Martin Luther. Él tenía una lista de ofertas de trabajo, y conseguí un trabajo en Manhattan como oficinista repartiendo correo y haciendo recados para Texas Gulf Sulphur en el edificio Pan Am, que ahora es el edificio Met Life sobre la Gran Estación Central de Nueva York. Trabajé allí un año ganando setenta dólares a la semana. De ahí fui a una agencia de empleo y conseguí trabajo en New York Helicopters, que operaba en los aeropuertos de LaGuardia, JFK y Newark, para New York Airways. Allí conocí a muchas celebridades.

Cary Grant salió de la terminal de TWA a principios de 1968. Intentó subir a su limusina, pero las puertas estaban cerradas. Su chófer entró en la terminal por otra puerta buscando al Sr. Grant. Me acerqué y pareció sorprendido al pasar junto a mí. Luego se calmó después de que le dijera adónde había ido el conductor de la limusina y me dio las gracias. Era una persona muy tímida en su vida privada.

En 1972, papá y yo fuimos a jugar al golf. Otro auto nos chocó y nos abolló la defensa del auto. Cuando se lo contamos a mi madre, me dio un puñetazo en los testículos. En casa de mis padres en Wantagh, Nueva York, les cortaba el césped en mi día libre, y cuando mi padre llegó a la entrada y sufrió otra crisis nerviosa, me reprendió por dejar restos de césped en la acera lateral de la casa antes de que tuviera tiempo de limpiarla. El maltrato continuó incluso después, cuando tenía veinte años. Yo era el chivo expiatorio de la ira que guardaban en su interior.

Durante esta época (1965-1967) me junté con alguien que creía mi amiga, alguien a quien podía amar y recibir el amor que nunca recibí de mis padres. Tuvimos una hija. Su madre y yo no funcionamos, y tuve a la bebé durante cuatro meses. Durante una batalla legal por la custodia, me acusaron de arrojar a su madre por una ventana que estaba a un metro y medio por encima del fregadero de la cocina. Años después, su madre le confesó a nuestra hija que eso nunca había sucedido. Yo no soy así. Jamás golpearía a una mujer. Por alguna razón, había mucha tensión entre su padre y yo, y nunca supe por qué. Mi hija mayor y yo nos reencontramos cuarenta años después. Me contó que él tenía otra familia en Carolina del Norte, adonde iba una vez al mes como vendedor de telas.

En la década de 1970 me casé con mi segunda esposa. Era la menor de cinco hijos. Yo tenía veintitrés años y ella veinte. Nuestra primera hija nació en 1973. Mientras trabajaba en New York Airways, abrí un negocio de limpieza para mantenernos a flote de 1973 a 1979. Desafortunadamente, trabajaba en el aeropuerto de 15:00 a 23:00 (3:00 a 11:00 pm) y luego limpiaba después del trabajo, llegando a casa alrededor de la 1:30 am. Mientras trabajaba en el aeropuerto para el servicio de helicópteros, me pidieron que acompañara y llevara el equipaje de un pasajero a la terminal de Delta. El pasajero era Frank Perdue (el mayor, como en Perdue Chicken). Era una caminata de 400 metros, y nunca me habló ni me dio propina. Luego, me enteré por otras personas que siempre había sido un tacaño.

En 1977, mi esposa dio a luz a nuestra segunda hija, que nació con síndrome de Down. Los médicos nos dijeron que se trataba de un desequilibrio cromosómico en el ADN de la madre. Murió tres meses después. En 1979, perdimos a otro hijo ocho semanas que nació prematuramente debido a complicaciones de una amniocentesis; según nos informaron, se debía a problemas cromosómicos en la madre. Yo estaba en contra de la amniocentesis, y nos dijeron que la probabilidad de que volviera a ocurrir (síndrome de Down) era de 1500:1. Mi exesposa ignoró mi consejo y se hizo la prueba de todos modos. El niño nació normal, excepto que la amniocentesis provocó un nacimiento prematuro. El niño murió cuatro horas después. Este fue el comienzo del declive de nuestro matrimonio. Mi hija y yo tuvimos una buena relación hasta que cumplió doce años. El matrimonio terminó en la primavera de 1985. Todo esto destrozaría cualquier matrimonio, pero mi exesposa puso a nuestra hija en mi contra con mentiras y engaños, celosa de mi éxito cuando esperaba mi ruina. Nos divorciamos en 1985.

En la primavera de 1985, mientras vivía en Babylon Village, Long Island, me estaba divorciando y vivía solo en nuestra casa después de que ella se mudara. Recibí una llamada para ir a Hauppauge, Nueva York, a verla y ver a quien creía que era una consejera matrimonial. Al llegar al complejo de varios edificios y encontrar por fin al indicado, entré en un auditorio con un escenario elevado rodeado de asientos. Había treinta o cuarenta personas en esos asientos. En el escenario había cuatro asientos para mi hija, mi exesposa, yo y la consejera. Al mirar a mi derecha, vi una habitación con una ventana con las persianas cerradas.

La consejera empezó a hacerme preguntas y las persianas se abrieron lentamente y había unas veinte personas sentadas observándome. Me preguntaron sobre mi relación con mi hija. Dije que la amaba y que siempre intentaba darle consejos. Ella tenía trece años en ese momento. Me di cuenta en ese momento de que no estaba allí para ser un padre amoroso, sino para ser escudriñado por su madre. Me levanté y le dije a la audiencia: "¡Qué vergüenza para todos ustedes!". Luego me fui. Esta era la mentalidad de mi exesposa. Le lavó el cerebro a mi hija y solo una madre con problemas propios haría esto. Qué vergüenza para ella. Estaba tratando de usar la psicología inversa mientras tenía una aventura con su jefe, mientras yo trabajaba de diez a doce horas al día tratando de proveer a la familia.

Mi hermana y yo hemos tenido muy poco contacto a lo largo de los años. La visité en Oceanside, Nueva York, en 1986 y hablé con ella una vez por teléfono en 2005. Ella vivía en el Valle de Shenandoah entonces. Ella y su primer esposo tuvieron dos hijos juntos, pero él resultó ser gay. Se casó con su segundo esposo y tuvo dos hijos más. Él luego se suicidó. Unos de sus hijos, fue llamado como mi hermano, su gemelo fallecido, tenía TDAH y estaba medicado con Ritalin. También se suicidó arrojándose a un tren a la edad de veintiún años en 2001 en Jacksonville, Florida. Ella se casó de nuevo y con su tercer esposo tuvo otro hijo y nunca supe qué le pasó. Después de que ese matrimonio terminó, tuvo un novio que le robó $25,000 de sus tarjetas de crédito y luego la abandonó.

Un año después me mudé de Long Island al condado de Sullivan, Nueva York. Allí conduje un autobús escolar y tomé un examen de servicio civil para el Departamento del Sheriff del condado de Sullivan. En 1991, trabajaba de 1:00 a.m. a 9:00 a.m. para el Times Herald Record, un periódico en Middletown, Nueva York, entregando periódicos a granel. También fui al Sullivan County Community College para obtener un título culinario. Mientras asistía a la clase de inglés, tuve que escribir un ensayo sobre un elemento del menú de comida. Mi ensayo se tituló "Road Kill" (Animales atropellados). Trataba sobre ardillas, tortugas, zarigüeyas y conejos. Tenía cuarenta y cuatro años en una clase con jóvenes de veinte años. Obtuve una A- en el ensayo. Todos preguntaron cómo obtuve esa calificación. Dije que a medida que envejeces, tu imaginación también crece.

Fui contratado el 8 de enero de 1992 como oficial de correccionales. Allí conocí a mi actual esposa con la que llevo veintiséis años. Ella era enfermera de la cárcel. Nos casamos en 1999 y construimos una casa en Yankee Lake en Wurtsboro. En 2002 me jubilé del Departamento del Sheriff. Vendimos la casa en 2004 y nos mudamos al condado de Citrus, Florida. Inicié un próspero negocio de jardinería y lo hice durante once años. Mi esposa es enfermera de cuidados paliativos, y ahora trabajo para el Departamento del Sheriff del condado de Citrus como guardia de cruce para las escuelas.

En la década de 1950, cuando comenzó el abuso, me prometí a mí mismo que viviría mi vida y nunca mentiría ni culparía a nadie por mis errores. En 2008, mi esposa y yo fuimos a Nueva York y visitamos a mi madre, que estaba en un hogar de ancianos. Durante nuestra conversación, ella dijo: "Qué bien te has portado". Estaba totalmente ciega sobre quién era yo realmente. Ella falleció el 25 de diciembre de 2010 a los noventa y un años.

En una nota extraña, mi esposa y yo nos mudamos a nuestra nueva casa en Florida y, aproximadamente un año después de mudarnos, yo estaba en la terraza viendo la televisión y mi esposa estaba en la sala de estar cuando una silueta de una dama pasó frente a la pantalla del televisor. Tenía el cabello rojo y llevaba un camisón plateado. Esto continuó durante un par de semanas. No le mencioné esto a mi esposa, pero unos seis meses después cuando le conté que creía que teníamos un espíritu en la casa.

Ella dijo: "Lo sé, tiene el cabello rojo y usa un camisón plateado". Ella también la había visto y nunca me lo dijo hasta que yo lo mencioné. Después de aproximadamente un año, no la vimos más. Tal vez estaba buscando a alguien en la casa equivocada.

Ahora tengo setenta y ocho años y espero vivir el resto de mi vida con mi esposa tanto como el ratón de la película La Milla Verde. La vida, como sabemos, continúa, incluso si ha comenzado mal.

Sobre el Autor

Escribí este libro sin intención de dar lecciones a nadie. Trata sobre lo que puedes hacer para cambiar tu vida. Que los adolescentes tomen decisiones responsables, que las madres elijan las relaciones adecuadas que los padres, las abuelas y los abuelos den ejemplo de lo que está bien y lo que está mal. Mi esperanza es que tu futuro sea más brillante con el tiempo, como lo es ahora el mío. Debido a mi edad actual, este es mi final, y el libro es una especie de catarsis. Soy guardia de cruce en mi condado. Controlo el tráfico en las zonas escolares. Es una experiencia desafiante, como la mayoría de las cosas.

- Walter Paul Lawrence

Walter Lawrence guardia de cruce

Matthew Beck editor fotográfico,
12 de mayo de 2021

Walter Lawrence, es guardia de cruce del condado de Citrus, dirige el tráfico lejos de la escuela secundaria Inverness Middle School, donde se encuentra su puesto. El libro de Lawrence, "De una vida de abusos al éxito, la historia de un niño", se publicará a finales de mayo de 2021.

– Matthew Beck, editor fotográfico.

Crecer siendo el chivo expiatorio de la ira de una familia puede marcarte. En *"De una vida de abusos al éxito, la historia de un niño"*, el lector conoce la historia de un niño que salió de años de maltrato para encontrar el éxito y la felicidad en su propia vida.

Sobre el autor

Escribí este libro sin intención de dar lecciones a nadie. Trata sobre lo que puedes hacer para cambiar tu vida. Que los adolescentes tomen decisiones responsables, que las madres elijan las relaciones adecuadas, que los padres, las abuelas y los abuelos den ejemplo de lo que está bien y lo que está mal. Mi esperanza es que tu futuro sea más brillante con el tiempo, como lo es ahora el mío.

Debido a mi edad actual, este es mi final, y el libro es una especie de catarsis. Soy guardia de cruce en mi condado. Controlo el tráfico en las zonas escolares. Es una experiencia desafiante, como la mayoría de las cosas.

–Walter Paul Lawrence